これさえあれば

「混ぜるだけ」「のせるだけ」

Bottled Yummy Treats
“BINJAN”
Easily Made
Anywhere, Anytime

1瓶で
3度おいしい

魔法の瓶詰

新田亜素美

ごちそうの素、作りませんか？

はじめまして。フードスタイリストの新田亜素美です。本を手に取ってくださりありがとうございます！
〈ごちそうの素〉は別名BINJAN（ビンジャン）ーゴロゴロの具材と手作り醤のビン詰ーといいます。
いくつか作っておけば、茹でた麺や野菜と混ぜるだけ、パンにのせるだけ、豆腐にかけるだけで、あっという間に食卓を彩ります。
離れたところに住んでいるご家族や友人に、あいさつ代わりに贈るのも、喜ばれること間違いなしです。
ビン詰めなら保存容器に入れるよりも、日持ちがしますし、なにより冷蔵庫にいくつか並んでいると心躍ります。〈ごちそうの素〉のある生活を楽しんでみませんか？

新田亜素美

INTRODUCTION

自由自在

日頃から、いろいろな調味料や醤を手作りすることが好きです。
例えば空豆の季節に、空豆と唐辛子、麹を合わせて豆板醤を作ったり、新鮮で小ぶりなカタクチイワシを取り寄せて、アンチョビを作ったり、香りと風味抜群の青柚子や青唐辛子を大分から取り寄せて、柚子胡椒を仕込んだり。
もちろん味噌や梅干しも毎年仕込んでいます。市販の調味料や保存食ではできない自分なりのおいしさを追求できるところが手作りのよさです。
もう少し、塩分を抑えてみよう。今年は甘さを加えてみよう。辛いのが苦手な夫に合わせてみよう。といった具合に自由自在です。
そんな話を編集の長谷川さんと、日本料理のお店で話しながら食事をしていたときに、そのお店のカウンターに色とりどりの果物がゴロゴロと入った果実酒を見つけました。
そこで、ゴロゴロ具だくさんの〈ごちそうの素〉が生まれたのです！
醤といえば、わざわざ食材を取り寄せたり、時間と手間をかけて作るものが多いけれど、ごちそうの素は身近な素材で、手軽にできて、ゴロゴロの素材が入っていて、見た目も美しい。そんな新しい瓶詰がお家にあったら、料理の幅が広がるのではないか。
ごちそうの素がいくつか冷蔵庫にあれば、青菜や、豚のロース肉、パンやご飯と合わせることで、まるで時間をかけて仕込んだようなごちそうができあがります。
お手軽な保存用器や、保存袋で作っても同じようなものは出来ますが、ごちそうの素らしさは半減してしまいます。
例えば、レバーペーストとスパイシーベリー（p61）や、明太子とひじきの煎り酒だし（p79）のように２層になっているもは2つの楽しみ方があります。まずは上の層だけをすくって、一つの味を楽しみ、その後スプーンで下の層をぐっとすくい、2つの味が混ざった味を楽しみます。保存袋ではなかなか難しいですね。
私自身、もう何度もごちそうの素のパーティーを開いています。近所で評判の鶏肉専門店から鶏肉を買ってきて、塩と胡椒だけのシンプルに皮をパリパリにソテーします。ここにミニトマトとみょうがのジンジャー（p84）があるとなんとなく和風テイストになり、マーガオ風味のしょうが醤（p64）があるとエスニック料理に。そして茹でたアスパラがあれば、2通りのソースとして楽しめます。
当日の料理としては、肉を焼いただけ、アスパラを茹でただけなのに、立派なおもてなし料理になってしまうのです。
ごちそうの素は作りおき料理とは少し異なります。作りおき料理は、お家に帰ってから、温めるだけ、器に盛るだけとそれはそれは便利な料理法です。ただ、食べる料理が決まってしまっているので、くいしんぼうで好奇心旺盛な人には、少し物足りなくなってしまいます。毎日スーパーや商店に寄ってそのときの旬なものを見つけることも楽しみの一つですから。
ごちそうの素は、旬な食材と合わせて楽しむことができます。自然食品店ですすめられたやわらかいケールと、レッドカレーペーストとオイルサーディン（p97）をさっと炒めてみたり、お気に入りの絹ごし豆腐を軽くレンジで温めて、ヌクマムとライムのベトナム醤（p106）をかけてみるといつもとは違った味わいの温奴《おんやっこ》が楽しめます。
さあ、ごちそうの素で自由で楽しい食卓を味わってください！

CONTENTS

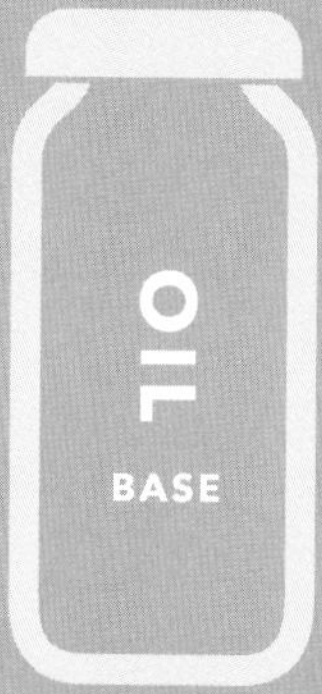

オイルベース

醤ベース

だしベース

エスニックベース

CONTENTS

さっぱりベース

スイートベース

What is ごちそうの素

What is

ごちそうの素

瓶のこと

瓶詰が好きです。地方に行ったり、海外に行くと、必ずその土地の特徴が詰まった瓶詰を買ってしまいます。帰りのトランクの重さを考えながら、そして頭の中で、帰ってから自分のキッチンでどんな食材と合わせようかなーとわくわくしながら選びます。この本では、シンプルで口の広い円柱状の瓶（容量230㎖）を多用していますが、皆さんのお気に入りの瓶で作ってみてください。ごちそうの素が冷蔵庫にいくつかそろっていると、とっても便利です。

煮沸

鍋に水を入れて瓶を沈め、お湯を沸騰させて、ぐらぐらしてから少なくても5分間は沸騰させ続けてください。

乾燥

鍋からガラス瓶をトングなどで取り出し、清潔な布巾または、キッチンペーパーの上に置き、乾燥させます。

詰め方

ごちそうの素の一番の特徴は、食材の組み合わせやごちそうの素として、1瓶で何度か楽しめるという点ですが、その次に大切にしていることは、詰め方です。フードスタイリストという職業柄からもそうですが、彩りだけでなく具材の重ね方にも意味があります。例えば、「レバーペーストとスパイシーベリー」（P61）では、まず上の段のレバーペーストから食べてみて、その後、長めのスプーンで下のスパイシーなベリーのジャムと混ぜながら食べてみてください。

満タンより少し下の90%くらい

瓶に食材を入れるときは、なるべく満タンに近い90%くらいまで詰めてください。少なすぎても多すぎてもNG。

What is

ごちそうの素

保存

ごちそうの素は、保存に瓶を使っています。プラスチックやホーローの保存容器にもそれぞれのよさがありますが、煮沸などをしっかりすれば、一番保存期間が長く、透明度も高いので美しく保存できるのが瓶だと思います。それぞれの保存容器の特徴を見てみましょう

1. ホーロー

ホーローは、熱に強く匂いがつかない、酸にも強い。匂いの強いものを入れても洗えばすぐに落ちますが、中身は見えません。

2. プラスチック

プラスチックは、ほかの2つと比べて軽いので、汁気の多い食品や乾物の保存や持ち運びに適していますが、匂いはほかの素材と比べて残りやすい。

3.ガラス

ガラスは古くから、ビールやワインなどの酒類や保存食の容器として利用されてきました。匂いがつきにくく、密閉度も高いので保存性に優れています。

瓶の保存性が高いことはおわかりいただけたと思いますが、使い回したスプーンを使ったり、長時間開けっぱなしにしておくと中身が悪くなってしまいますので、一度ふたを開けたものは、早めに食べ切るようにしてください。

冷蔵

2

週間

食べ方

もともと飽き性で、いろいろひらめいてしまう感覚人間なので（よく言えばですが）、冷蔵庫に作りおきのおかずがあると、少しプレッシャーに感じてしまいます。スーパーや八百屋さんで新鮮な旬の食材を見つけると、「これも作りたい！」「あれも食べたい！」と思ってしまうのです。

ただ、毎日バタバタとしているので、夕飯の準備はさっとすませて、夫とのお酒を飲みながらの夕飯はゆっくり楽しむようにしています。

ごちそうの素は、味付け不要でゴロゴロの素材が入っているので、旬の食材と合わせていろいろな楽しみ方をしていただけます。

例えば「ミニトマトとみょうがのジンジャー」は（P84）、1回目はそのまま器に盛って、2回目は豆腐にのせて、3回目は茹でた豚のサラダと和えて、と「混ぜるだけ」「のせるだけ」の2ステップであっという間に何品かできてしまいます。

突然の来客や、お友達やママ友とのもちより会のときにぴったりです。まずは、見た目であっと驚かれ、あまりにも短時間でできてしまうのでとっても喜ばれます。少し前にキャンプに持って行ったところ、「キャンプで食べられない本格的な味なのにあっという間にできたね～」と大評判でした。

What is

ごちそうの素

混ぜる

ごちそうの素はパスタと混ぜたり、茹で野菜と和えることに向いています。オイルベースやだしベースはしっかりと濃い味付けのレシピになっています。「しらすとパセリ、マッシュルームのにんにくオイル」（P33）を茹でた小松菜と和えたり、「塩レモンと鮭缶のハーブオイル」（P45）は600wのレンジで1分半ほど加熱したミックスきのこに混ぜるだけで食物繊維たっぷりのごちそうに。茹でた春雨に混ぜて、春雨サラダもいいですね。いろいろ混ぜて、楽しんでみてください。

パスタ

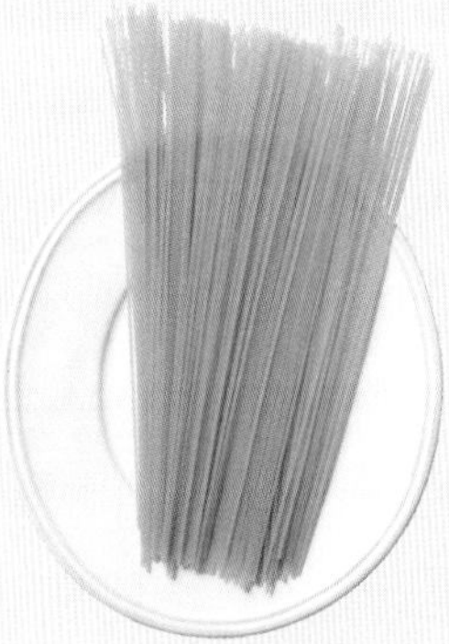

茹でたパスタに混ぜるだけでボリュームのある一皿が完成。夏は冷製パスタにしてもおいしいです。

茹で野菜

じゃがいもなどの根菜と和えると食べ応えある一品に。青菜を使えば植物繊維たっぷりな前菜に。

のせる

ごちそうの素は、何かにのせたり何かと和えたりというようにほかの食材と合わせることを考えて作っていますので、そのまま食べるには少し味付けが濃いかもしれません。まずご飯と一緒に召しあがってください。ご飯や豆腐以外でも「レバーペーストとスパイシーベリー」（P61）は、バゲットにのせたり、「れんこんと豚挽肉の辛味噌」（P69）は、大きめのスティック状に切ったきゅうりやセロリなどの野菜にのせてもぴったりです。おかずでもおつまみでも楽しめます。

ご飯

最もシンプルで、一番味わい深い食べ方です。温かいご飯にのせて食べるのはもちろんのこと、炒飯にもぴったりです！

豆腐

冷や奴にのせてもおいしいですが、寒い季節は、湯豆腐にのせても。いつもとはひと味違った湯豆腐が楽しめます。

What is
ごちそうの素

炒める

オイル漬けや手作りの調味料、だし漬けが豊富なごちそうの素は、炒め物にもぴったりです！　お肉やレバーなどが入ったごちそうの素は、青菜やきのこなどの野菜と炒めるのがおすすめ。
「トマトとパクチーの酸辣醤」（P58）や「マーガオ風味のしょうが醤」（P64）など東南アジアの香り漂う醤は、鶏肉や豚の薄切り肉と炒めて、異国の味を味わって！　「帆立缶と干し椎茸のうまみ醤」（P66）を野菜炒めに使うと、ぐっとお店の味に近づきます。

豚こま

お手軽な豚こまは、炒め物にピッタリです。塊肉から切り分けるひと手間でより本格的な味になるので、試してみてください。

青菜

通年手に入りやすい小松菜やほうれん草、チンゲン菜、にら、冬場の春菊、夏場のレタスなど、旬の青菜と一緒にさっと炒めて。

煮る

ごちそうの素で煮物やスープなどの汁物を作るときは、水に加えて塩や醤油などの塩味を少し加えてください。スープももちろんですが、オイル漬けにオイルや野菜、海老などをプラスしてアヒージョにするのもおすすめです。残ったオイルに茹でたパスタや中華麺を和えても。
おなじみの、煮物の味変的な使い方にも役立ちます。例えば普段の肉じゃがに「お醤油ハリッサ」（P74）を加えるとエキゾチックな風味が漂います。

スープ

コンソメや鶏ガラスープなどは、はじめはそのままいただき、途中でごちそうの素を加えて味の変化を楽しめます。

What is
ごちそうの素

添える

スーパーで手に入りやすい、鶏肉や豚のロース肉。シンプルで飽きのこない味付けの塩胡椒のみのソテーは、ご家庭でも人気がありますね。でも、これだけだとちょっと物足りない。つけ合わせを作るのは手間がかかる。というときにもごちそうの素はおすすめです。横に添えるだけで、ごちそう感満載になりますし、いくつか添えておくと、辛いものが好きな人、甘酸っぱい味を食べたい人など、気分に合わせていろんな味が楽しめます。いつもの焼き魚にごちそうの素を添えても！

豚肉

おなじみのポークソテーにレンジでチンしたじゃがいもと「グリーンカレーペーストとコンビーフ」（P94）を添えると、お店の味です。

鶏肉

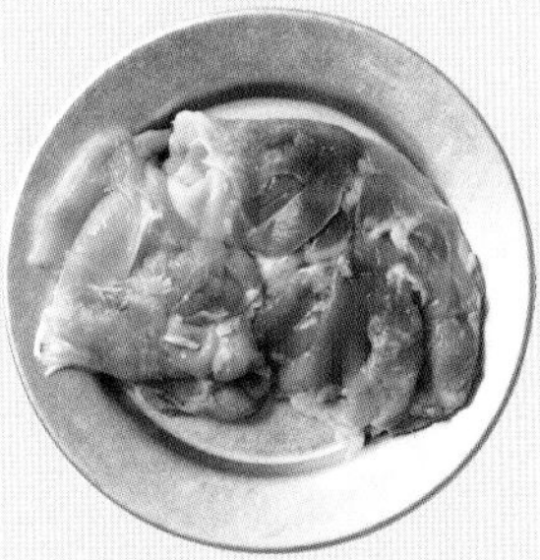

パリパリ皮のチキンソテーに、「にんじん、かぶ、きゅうりの浅漬け」（P109）を添えて。パンだけでなくご飯も進む味が楽しめます。

はさむ

「レバーペーストとスパイシーベリー」（P61）になますを加えてバゲットにはさめば、ベトナムのバインミーが簡単にお家で作れます。また「ヨーグルトのしっとりドライフルーツ」（P139）や「カルダモンとナッツのミルクジャムとみかん」（P127）などは、コッペパンやロールパンにはさむスイーツロールを試してみてください。急なお客さまやお子さまのおやつにも喜ばれます。シンプルなオムレツに「スパイシー皮なしソーセージ」（P101）をはさむのも◎。大人のオムレツに早変わりです。

食パン

食パンにお好みのごちそうの素をはさんでサンドイッチもよいですが、トーストした食パンを4等分にしてはさみ、ピックで刺しても！

バゲット

バゲットを薄切りにして、ごちそうの素をはさんだり、縦に細長くカットしたバゲットの間にはさんだりしてみてください。

What is
BINJAN

もちよりに

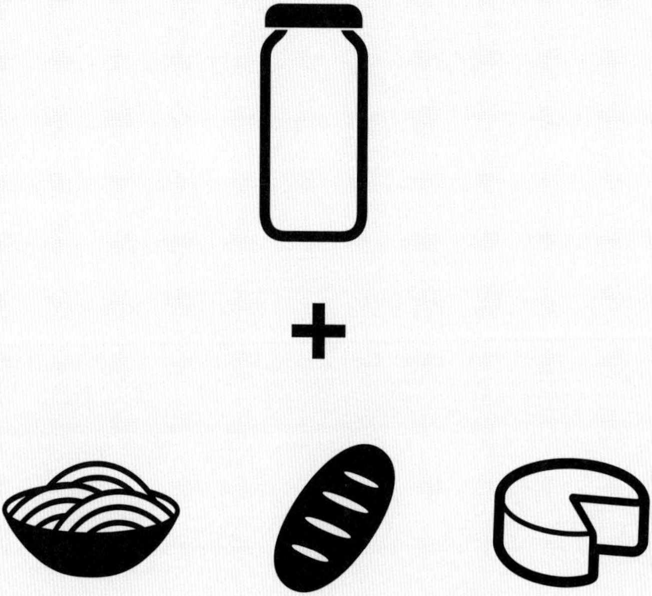

ごちそうの素はもちよりに向いています。このほかにパンや和えるための生野菜、茹でた青菜、ボリュームを出したければ、ポークソテーなどのお肉を持って行けば、現地であっという間にごちそうの完成です。現地で調理ができなければ、和えたものを持って行っても◎。焼いたかたまり肉は切りわけておいて、その場でごちそうの素を添えてもいいですね。薄切り肉は、加熱してからごちそうの素を和えてください。

Bottled Yummy Treats
"BINJAN"
Easily Made
Anywhere, Anytime

OIL BASE

オイルベース

とろっとして、甘くて香ばしいパプリカと
アンチョビのこく深い塩味がどんなお
料理に合わせてもぴったり！　豆腐に
かけて醤油を1滴たらしても。

焼きパプリカと
アンチョビのにんにくオイル

Grilled paprika and anchovy in garlic oil

＜冷蔵保存＞

2週間

＜アレンジ＞

パスタの具に

パンにのせる

茹でた青菜と和える

材料

パプリカ 赤・黄……各1個
アンチョビ 粗みじん切り……20g
にんにく……1かけ
塩……小さじ1/2
米油……60ml
オリーブオイル……60ml
酢……大さじ1
好みのハーブ……適量

作り方

1. パプリカは縦半分に切り、種を取り、魚焼きグリルやオーブントースターで皮が真っ黒になるまで加熱し、皮をむいて2cm厚さのくし切りにする。

2. 小鍋に米油とオリーブオイル、にんにくを入れ火にかけ、香りがたったらアンチョビと塩、酢、ハーブを入れ2分ほど弱火で加熱する。

3. 瓶に**1**を詰め、**2**を注ぐ。

いろいろお豆とひじきのアンチョビオイル

Mixed beans and Hijiki in anchovy oil

こちらではお手軽に、缶詰のミックスビーンズを使いましたが、自分で煮たお豆を使うと格別な味に！　いかや海老などの魚介と炒めても豪華なおかずになります。

＜冷蔵保存＞

2 週間

＜アレンジ＞

- 茹でた青菜と和える
- パンにのせる
- ちぎったレタスと和える

材料

ミックスビーンズ……50g
ひじき 戻したもの……30g
にんにく……1かけ
アンチョビ……20g
赤唐辛子……1本
塩……小さじ1/2
米油……60ml
オリーブオイル……60ml
酢……大さじ1/2

作り方

1. 小鍋に米油とオリーブオイル、酢、粗みじん切りにしたアンチョビとにんにく、赤唐辛子、塩を入れて弱火で3〜4分加熱する。
2. 瓶にミックスビーンズとひじきと酢を入れ、**1**を注ぐ。

普段は脇役のパセリをたっぷり
使って、マッシュルームとしらす、
ごま油を合わせて中国風に。豚
肉と炒めるとご飯のおかずにも！

しらすとパセリ、
マッシュルームのにんにくオイル

Shirasu, parsley and mushroom in garlic oil

＜冷蔵保存＞

2週間

＜アレンジ＞

パスタの具に

豆腐にかける

ご飯と炒める

材料

しらす（ちりめん）……30g
マッシュルーム……5個
パセリ 粗みじん切り……10g
にんにく……1かけ
ごま油……70ml
米油……70ml
塩……小さじ1 1/2

作り方

1. マッシュルームは薄切りにし、にんにくは包丁の平らな部分でつぶす。
2. フライパンにごま油とにんにくを入れ、弱火にかけ香りがたったらマッシュルームとしらす、塩を入れ軽く炒める。
3. 瓶に粗みじんにしたパセリを詰め、上から**2**と米油を詰める。

きのこに塩昆布も加えたうまみたっぷりの、オイル醤。レモン汁とお酢を加えてあるので、炒め物はコクがあるのにさっぱり。挽肉を加えてスープにしてもだしいらずでgood!

マッシュルームと椎茸の塩昆布オイル

Mushroom and Maitake in salt kelp oil

＜冷蔵保存＞

10日

＜アレンジ＞

- 茹でた青菜と和える
- パスタの具に
- 豚こまと炒める

材料

マッシュルーム……8個
椎茸……4個

A
- 米油……100ml
- 酢……大さじ1
- 塩昆布……小さじ1
- 塩……小さじ1強
- レモン汁……1/2個分
- 砂糖……小さじ1
- 赤唐辛子……1本

作り方

1. マッシュルームは半分に、椎茸は石づきを取って薄切りにする。
2. 1とAを小鍋に入れ3分ほど弱火で加熱し、瓶に詰める。

グリーンオリーブとカリフラワー、干し椎茸のにんにくオイル

Green olives, cauliflower and dry Maitake in garlic oil

＜冷蔵保存＞

10日間

＜アレンジ＞

パンにのせる

豚こまと炒める

パスタの具に

材料

カリフラワー……60g
グリーンオリーブ（種なし）……10粒
スライス干し椎茸……5g
にんにく……1かけ
赤唐辛子……1本
オリーブオイル……大さじ2
塩水……塩小さじ1、水100mlで溶かしたもの

作り方

1. カリフラワーは小さめの小房にし、にんにくは包丁でつぶす。フライパンにオリーブオイル、にんにくを入れ弱火にかけ香りがたったらカリフラワー、水で戻した干し椎茸、種を取った赤唐辛子を炒める。

2. 瓶にグリーンオリーブと**1**を詰め、塩水を注ぐ。

スライスの干し椎茸をそのまま加えるお手軽な一品。干し椎茸を入れることで、この一品だけでパスタの具材に。パスタの具にする前にオリーブを粗みじん切りにすると麺とよくからみます。

切りたての生ハムやサラミを売っている、とっておきのお店の店主からこっそり教えていただいたレシピをアレンジしました。保存もきくので常備菜としても！　手土産としても喜ばれます。

生ハムと
フレッシュハーブのオイル

Prosciutto in fresh herb oil

<冷蔵保存>

2週間

<アレンジ>

パンにはさむ

サラダと和える

パスタの具に

材料

生ハム……4枚
パンチェッタ……50g
レモン……3切れ
A
- 米油……80ml
- オリーブオイル……60ml
- 塩……小さじ1/2

にんにく（粗みじん）……1かけ
赤唐辛子……1本
好みのハーブ類……適量

作り方

1. 生ハムは一口大、パンチェッタは、1cm幅に切る。

2. 瓶に**1**とレモン、にんにく、赤唐辛子、ハーブを詰め、合わせた**A**を注ぐ。

長ねぎとにら、干し海老の花山椒スパイスはチャーハンにピッタリ。おかゆや雑炊にのせても！

長ねぎとにら、
干し海老の花山椒スパイス

Leek, chive and dried shrimp with Japanese pepper

＜冷蔵保存＞

10日

＜アレンジ＞

ご飯と炒める

豚こまと炒める

豆腐にのせる

材料

A
- 長ねぎ……1本100g
- にんにく……1かけ
- しょうが……小さじ1
- 干し海老 戻したもの……小さじ1

B
- 酒……大さじ1
- 塩……小さじ1弱
- 砂糖……小さじ1/2

にら……1束
ごま油……大さじ2
花山椒……小さじ1
豆板醤……小さじ1
塩……小さじ1/3
酒……大さじ1
砂糖……小さじ1

作り方

1. **A**はすべてみじん切りにし、小さなフライパンにごま油大さじ1を入れ、炒める。**B**の調味料を加えさらに軽く炒める。
2. 別のフライパンにごま油大さじ1と花山椒、豆板醤を加え炒める。みじん切りにしたにらと残りの調味料を入れさらに軽く炒める。
3. 瓶に**1**を詰め、上から**2**を詰める。

にんじんしりしりのスパイスピクルス

Shredded carrot in spice pickles

沖縄料理のにんじんしりしりにスパイスを加えて、オリエンタルな香りをまとわせて。お好みでクミンシードや八角を加えても◎。

＜冷蔵保存＞

1週間

＜アレンジ＞

- パンにのせる
- 茹でた豚肉と和える
- ツナ缶と和える

材料

にんじん……100g
コリアンダーシード……小さじ1/2
マスタードシード……小さじ1
オリーブオイル……大さじ2
好みのハーブ類……適量

A
- 酢……100ml
- 塩……小さじ1 1/2
- 砂糖……小さじ1 1/2

作り方

1. にんじんはしりしり器か包丁で千切りにする。
2. 小さなフライパンでオリーブオイル、コリアンダーシード、マスタードシードを軽く炒めたら**A**を加える。
3. 瓶ににんじんとハーブを詰め、**2**を注ぐ。

国産レモンは薄めに切れば、皮までいただけます。お手軽な鮭缶にいろいろなハーブを入れることで、おもてなしのごちそうの素に。

塩レモンと鮭缶のハーブオイル

Canned salmon and salt lemonin herb oil

＜冷蔵保存＞

10日間

＜アレンジ＞

パスタの具に

ブロッコリーとさっと煮る

ちぎったレタスと和える

材料

鮭缶……1缶 90g
レモン……1個

A
- オリーブオイル……大さじ2
- 米油……大さじ2
- 塩……小さじ2
- 砂糖……小さじ1/2

ディル……少々
パセリ……少々

作り方

1. レモンは薄めの半月切りにし、パセリは粗みじん切りにする。
2. ボウルに**A**を合わせ、よく混ぜる。
3. 瓶に鮭、ディル、パセリ、レモンの順に詰め、**2**を注ぐ。

COLUMN

醤の力は
スゴイ!

もともと、豆板醤やコチュジャンを始め、味噌や柚子胡椒、ケチャップなど調味料を手作りすることが大好きで、全国からいろいろな食材を取り寄せ、時間をかけて好みの味に仕上げていました。本書ではもっとお手軽に、身近な食材を使って作る醤をご紹介しています。いつものお家の炒め物や、和え物にほんの少し変化を加えたいときにぴったりです!

Bottled Yummy Treats
"BINJAN"
Easily Made
Anywhere, Anytime

JAN BASE

醤ベース

スパイスとにんにくをじっくり炒めて香りがたってから、ココナッツロングと合わせるとエスニックふりかけのような、ミントのココナッツ醤。このままスナック感覚でポリポリ食べても！

ミントのココナッツ醤

Mint coconut

<冷蔵保存>

2週間

<アレンジ>

海老と炒める

じゃがいもと炒める

オムレツに入れる

材料

ココナッツロング……80g
ミント……適量
にんにく……1かけ
コリアンダーシード……小さじ1/3
クミンシード……小さじ1/3
パプリカパウダー……少々
米油……大さじ1
塩……小さじ1
砂糖……少々

作り方

1. にんにくはみじん切りにし、ミントは手でちぎる。
2. フライパンに米油とにんにくを入れ弱火で炒め、コリアンダーシードとクミンシードも加えさらに炒める。
3. ココナッツロングとパプリカパウダー、塩と砂糖を入れて2〜3分炒め、火を止めてちぎったミントと合わせ、瓶に詰める。

黒豆ときくらげの煎り酒真っ黒醤

Roasted black beans and Kikurage in sake

煎り酒が好きで、必ず常備しています。最近よく見かける蒸し黒豆ときくらげと合わせてみると、アレンジの幅も広がります。温めただしと合わせてお茶漬けにするのもおすすめです。

<冷蔵保存>

1 週間

<アレンジ>

茹でた豚肉と和える

茹でた青菜と和える

卵と炒める

材料

黒豆（戻してから茹でたもの）……50g
きくらげ（戻し）……30g
（乾物……10g）
梅干し……2個

A
- かつお節……2g
- 酒……100ml
- 水……50ml
- 塩……小さじ1
- 砂糖……小さじ1/2

作り方

1. 小鍋に、種を取って軽くペースト状にした梅干しとA、戻して2cm角に切ったきくらげを入れて弱火で3〜4分加熱する。
2. 瓶に黒豆を入れ、上から1を入れる。

そのつど作るのが面倒な白和えも、ごちそうの素にしておくと何度か楽しめます。豆腐と白味噌の真っ白醤はアスパラ、枝豆、山菜など季節の野菜をたっぷり使って作ってみてください。日持ちは短いのでお早めに。

豆腐と白味噌の真っ白醤

Tofu and white miso puree

<冷蔵保存>

5日間

<アレンジ>

 茹でた青菜と和える

 茹でたそうめんの具に

 茹でたささみと和える

材料

A
- 絹ごし豆腐……1丁 300g
- 白味噌……大さじ3
- 薄口醤油……小さじ2
- 醤油……小さじ1
- 白すりごま……小さじ1

クコの実……小さじ1

作り方

1. クコの実は5分ほど水につけ水気を切る。
2. フードプロセッサーに**A**をすべて入れ、なめらかなペースト状にする。
3. 瓶に**1**と**2**を入れる。

甘酒コチュ醤

Gochujang and Amazake paste

コチュ醤をよく使いますが、市販のものは甘すぎるので手作りしています。甘酒を使うと、品のよい甘みになります。辛いもの好きな方は粉唐辛子を増やしてください。

＜冷蔵保存＞

2 週間

＜アレンジ＞

- 野菜と炒める
- 鯖缶と和える
- ご飯にのせる

材料

A
- 甘酒……120ml
- 白味噌……大さじ2
- 赤味噌……大さじ1
- 砂糖……小さじ1
- 塩……小さじ1
- 粉唐辛子……小さじ1

長ねぎ……1本
ごま油……大さじ1

作り方

1. 長ねぎは小口切りにし、ごま油をひいたフライパンでさっと炒める。
2. 小鍋に**A**を入れ、とろみがつくまで中弱火で3〜4分煮込む。
3. 長ねぎを瓶の下に入れ、上から**2**を詰める。

トマトとパクチーの酸辣醤《サンラージャン》

Tomato and coriander with hot sour sauce

<冷蔵保存>

1 週間

<アレンジ>

- 豆腐にかける
- 茹でたそうめんの具に
- 茹でた青菜と和える

材料

ミニトマト·····10個
パクチー·····10g
薄口醤油·····大さじ2
ナンプラー·····大さじ1/2
酢·····大さじ3
砂糖·····小さじ1
ラー油·····大さじ1
にんにく(みじん切り)·····大さじ1
しょうが(みじん切り)·····大さじ1

作り方

1. ミニトマトは半分に切り、パクチーは粗みじん切りにする。
2. 小鍋にパクチーとラー油以外のすべての材料を入れ、弱火で3〜4分煮込む。パクチーとラー油も加えて瓶に入れる。

中国料理屋さんに行くと頼むことが多い大好きな酸辣湯《サンラータン》。そのすっぱ辛い味を再現してみました。ナンプラーだけではなくて薄口醤油と合わせることで食べやすい味に。

レバーペーストとジャムの組み合わせが好きで作ってみました。2層になって見た目も映えるので、もちよりパーティーにも！　お砂糖少なめなママレードや、りんごジャムを使っても！

レバーペーストとスパイシーベリー

Liver paste with spice berries

<冷蔵保存>

5日間

<アレンジ>

- パンにのせる
- 焼いた肉に
- サンドイッチにする

材料

鶏レバー……80g
玉ねぎ……半分
マッシュルーム……3個
にんにく……1かけ
タイム……適量
生クリーム……50ml
白ワイン……大さじ2
塩……小さじ1
オリーブオイル……大さじ1

A
- ベリーミックス（冷凍）……80g
- 砂糖……10g
- 塩……ひとつまみ
- レッドチリペッパー……少々
- 黒胡椒……少々

作り方

1. 玉ねぎとマッシュルームは薄切り、にんにくは半分につぶす。鶏レバーは筋の部分を取り除き一口大に切る。
2. フライパンにオリーブオイルとにんにくを入れ、弱火で香りがたつまで加熱する。**1**の野菜を加えて炒め、玉ねぎがしんなりしてきたら鶏レバーを加えさらに炒める。
3. 生クリームと白ワイン、塩、タイムを加えて中火で2〜3分煮込み、タイムを除いてフードプロセッサーにかけてなめらかにする。
4. 別鍋で**A**を中火で3〜4分煮込む。
5. 瓶に**4**のジャム、**3**のペーストの順に入れる。

レモングラスのような香りがする、胡椒のような山椒のような台湾のスパイス、マーガオ。手に入らない場合は、コリアンダーシードをから煎りしてください。

こちらも甘みを抑えた手作り甜麺醤。調味料を合わせて軽く加熱するお手軽版！日持ちするので、倍量で作ってストックしておくといつものお料理の幅が広がります。

マーガオ風味のしょうが醤

Ma Gao flavored with ginger and soy sauce

＜冷蔵保存＞

10日間

＜アレンジ＞

豚肉と炒める

青菜と炒める

豆腐にかける

材料

しょうが……50g
青唐辛子……1本
マーガオ……小さじ1/2

A
- 酢……大さじ3
- 水……100ml
- 白だし……大さじ1
- ナンプラー……小さじ1
- 塩……小さじ1
- 砂糖……小さじ2

作り方

1. しょうがはみじん切り（またはフードプロセッサーで細かくする）、青唐辛子は小口切りにする。マーガオは、すりこぎなどで粗くつぶす。包丁で刻んでも◎。
2. 小鍋に**1**と**A**を入れ、中弱火で3〜4分加熱し、瓶に入れる。

白ごま入り甜麺醤《てんめんじゃん》

Tianmian sauce with white sesame

<冷蔵保存>

3 週間

<アレンジ>

野菜スティックにつける

豚挽肉と炒める

青菜と炒める

材料

赤味噌……100g
砂糖……大さじ2
みりん……大さじ1
醤油……大さじ1
酒……大さじ1
水……大さじ3
白ごま……大さじ3

作り方

1. 小鍋に白ごま以外のすべての材料を入れ、とろみがつくまで弱火で3〜4分煮込む。
2. 瓶に白ごまを入れ、上から**1**を入れる。

帆立缶と干し椎茸のうまみ醤

Umami soy sauce with canned scallops and dried Maitake

<冷蔵保存>

2週間

<アレンジ>

ご飯と炒める

茹でた中華麺の具に

青菜と炒める

材料

帆立缶……1缶 70g
玉ねぎ（すりおろし）……50g
干し椎茸（戻したもの）……30g
干し海老（戻したもの）……10g
ごま油……大さじ2

A
- 醤油……大さじ1
- 塩……小さじ1/2
- 砂糖……小さじ1

にんにく（みじん切り）……大さじ1
しょうが（みじん切り）……大さじ1

作り方

1. 干し椎茸と干し海老は粗みじん切りにする。フライパンにごま油とにんにく、しょうがを入れて弱火で香りがたつまで加熱する。
2. 1に帆立缶を汁ごと、玉ねぎ、干し椎茸と干し海老を加えてさらに炒め、Aを加えて弱火で3分ほど煮込み、瓶に詰める。

帆立缶のほぐし身や干し椎茸など
身近な食材を使って作る、XO醤。
1瓶あると、シンプルな炒め物や炒
飯がぐっと本格的な味に！

ピリ辛の肉味噌にシャキシャキのれんこんがベストマッチ！　サンチュやえごまの葉、大葉などお好みの野菜で巻くとそれだけでごちそう。茹でたうどんにかけても。

れんこんと豚挽肉の辛味噌

Lotus root and minced pork with spicy Miso

＜冷蔵保存＞

1 週間

＜アレンジ＞

 レタスで包む

 ご飯にのせる

 青菜と炒める

材料

豚挽肉……120g
れんこん……50g
にんにく……1かけ
ごま油……大さじ1

A
- 豆板醤……小さじ1
- 醤油……大さじ1 1/2
- 酒……大さじ2
- オイスターソース……小さじ1 1/2
- みりん……大さじ2

作り方

1. れんこんとにんにくは粗みじん切りにする。
2. フライパンにごま油とにんにくを入れ、弱火にかけ香りがたったら豆板醤を加え軽く炒める。
   豚挽肉を加え、色が変わるまで炒め、れんこんを加えさらに炒める。
3. Aを加え中火で2分ほど炒めて、瓶に詰める。

韓国風レバー煮

Korean style stewed liver

＜冷蔵保存＞

1 週間

＜アレンジ＞

- ご飯にのせる
- 茹でた青菜と和える
- レタスに包む

材料

鶏レバー……120g
青ねぎ……50g
にんにく……1かけ
水……100ml
コチュジャン……大さじ1 1/2
醤油……小さじ1
砂糖……小さじ 1/2

作り方

1. 鶏レバーは筋を取って3cm角、にんにくは薄切り、青ねぎは小口切りにする。
2. 小鍋に青ねぎ以外のすべての材料を入れ、中弱火で3～4分煮込み、青ねぎを加え瓶に入れる。

甘いコチュジャンで味付けした、ごはんにもお酒にもぴったりなごちそうの素。茹でたもやしやにらと和えても食卓を彩る一品に。

チュニジアやモロッコでおなじみのハリッサを、食べやすいようにお醤油を入れて、辛みも抑えてアレンジしました。かつお節のうまみたっぷり。

お醤油ハリッサ *Harissa soy sauce*

<冷蔵保存>

1 週間

<アレンジ>

目玉焼きにかける

蒸し野菜と和える

いわしに塗って焼く

材料

パプリカ……1個
にんにく（みじん切り）……小さじ1/2
しょうが（みじん切り）……小さじ1/2
A
- カイエンペッパー……小さじ1
- コリアンダーシード……小さじ1/2
- クミンシード……小さじ1/2

醤油……小さじ2
かつお節……2g
塩……小さじ1 1/3
砂糖……小さじ1
酢……小さじ1
水……大さじ2
オリーブオイル……大さじ1

作り方

1. パプリカは縦半分に切って種を取る。魚焼きグリルかオーブントースターで、皮が黒くなるまで焼き、皮をむいて一口大に切る。
2. フライパンにオリーブオイルとにんにく、しょうがを入れ弱火で加熱し、香りがたったら**A**を入れさらに弱火で1〜2分加熱する。
3. すべての材料をフードプロセッサーにかけ、ペースト状にする。

Bottled Yummy Treats
"BINJAN"
Easily Made
Anywhere, Anytime

BROTH BASE

だしベース

豆料理が好きで、よく食卓に登場しますが、そのなかでもダントツ1位がひたし豆。ベーコンと梅干しという意外な組み合わせ。箸休めとしてそのまま食べても、パスタの具としてアレンジしてもどちらでも！

ひたし豆と梅干し、角切りベーコン

Ume with beans and bacon

＜冷蔵保存＞

1 週間

＜アレンジ＞

茹でたそうめんの具に

鯖缶と和える

ご飯と炒める

材料

ひたし豆（水煮）……100g
厚切りベーコン……30g
梅干し……1個

A
- 薄口醤油……大さじ1
- 水……120ml
- 昆布茶……小さじ1/2

作り方

1. フライパンに1cm角に切ったベーコンを入れて軽く炒め、ひたし豆を加えさらに炒める。
2. 梅干しは種を取り、粗みじん切りにする。
3. 瓶に**1**と**2**を詰め、**A**を注ぐ。

明太子とひじきの煎り酒だし

Mentaiko and roasted Hijiki in sake

明太子のピリ辛と梅干しの酸味がキリッとしたひじきの煮物！　大人版といったところでしょうか。ご飯や豆腐にかけるのはもちろんのこと、卵と炒めてお弁当のおかずにも。

<冷蔵保存>

5日間

<アレンジ>

ご飯にのせる

豆腐にかける

茹でた青菜と和える

材料

ひじき 戻したもの……40g
明太子……1腹
梅干し……1個

A
- かつお節……2g
- 酒……100ml
- 水……50ml
- 塩……小さじ1
- 砂糖……小さじ1/2

作り方

1. 梅干しは種を取って軽くペースト状にする。
2. 小鍋に梅干しと**A**とひじきを弱火で3〜4分加熱する。
3. 瓶に軽くほぐした明太子と**1**を入れる。

大人の海苔の佃煮といったところでしょうか。甘さはありませんので、バターと一緒にパスタとからめたり、そのままで日本酒のあてにもぴったりです。

九条ねぎ黒ごま醤

Leek and black sesame paste

<冷蔵保存>

1 週間

<アレンジ>

ご飯にのせる

豆腐にかける

茹でた青菜と和える

材料

九条ねぎ……2本（40g）
海苔……3枚
黒すりごま……大さじ1
白だし……大さじ3
水……100ml
酢……大さじ1
塩……小さじ1/2
ごま油……大さじ1/2

作り方

1. 九条ねぎは小口切りにし、瓶に詰める。
2. ボウルでちぎった海苔とほかのすべての材料を合わせ、ペースト状になったら瓶に入れる。

居酒屋さんで食べる梅水晶が夫の大好物！　これを鶏なんこつでアレンジしてみました。ボリュームが出るのでそのまま食べても、茹でた野菜と和えても！

鶏なんこつの梅水晶

Ume with chicken cartilage

<冷蔵保存>

1週間

<アレンジ>

- 茹でた青菜と和える
- ご飯にのせる
- 茹でたそうめんの具に

材料

鶏なんこつ……100g
梅干し……1個
かつお節……20g
白ごま……大さじ1
酒……大さじ2
みりん……小さじ2

作り方

1. 鶏なんこつと、酒、みりんを小鍋に入れて、中火で2～3分加熱する。
2. 火を止めたら包丁などでたたいた梅干しと、白ごま、かつお節と和え、瓶に入れる。

ミニトマトとみょうがのジンジャー

Cherry tomatoes with Japanese ginger

＜冷蔵保存＞

5日間

＜アレンジ＞

豆腐にかける

茹でたそうめんの具に

茹でた青菜と和える

材料

ミニトマト……8個
みょうが……1個

A
- しょうが すりおろし……少々
- 白だし……大さじ3
- 薄口醤油……大さじ1
- 酢……大さじ3
- 米油……大さじ1

作り方

1. ミニトマトはへたを取って半分に、みょうがは縦半分に切ってから、粗く刻む。
2. 1を瓶に詰め、Aを注ぐ。

定番の冷や奴にかけると、見た目も華やかで涼やかな一品に。冷しゃぶサラダのタレや、冷製パスタの具などにもぴったりです。辛いもの好きな方はラー油を加えて！

カリフラワーと明太子、切り干し大根

Mentaiko with dried radish and cauliflower

＜冷蔵保存＞

5日間

＜アレンジ＞

茹でた青菜と和える

豚肉とさっと煮る

茹でた春雨と和える

材料

カリフラワー……50g
明太子 ほぐしたもの……30g
切り干し大根……5g 水で戻す
うずらの卵（水煮）……6個
A ┌ 白だし……大さじ3
　 └ 水……90ml

作り方

1. カリフラワーは小さめの小房にし、600wの電子レンジで1分半加熱する。
2. 瓶に、戻した切り干し大根、うずらの卵、ほぐした明太子、カリフラワーの順に詰め、Aを注ぐ。

くたっと煮たり茹でたり、炒めたり、カリフラワー好きな私は洋食だけではなく、和食にも使っています。切り干し大根のシャキシャキがアクセントに。茹でたそばと混ぜても！

さっぱりした味わいですが、濃厚だしがしっかりきいて、さらにわけぎの風味が大人のアクセントに。酒の肴としてはこのまま食べても美味しいですが、さっぱりした具材と合わせると、食感も食べ応えも楽しめます。

長芋とわけぎの柚子胡椒だし

Yam and leek in citrus chili

<冷蔵保存>

5日間

<アレンジ>

ほぐしたカニカマと和える

そうめんの具に

豚しゃぶと和える

材料

わけぎ……3本
長芋……50g
いりこだし……140ml
醤油……小さじ2
酢……小さじ1
柚子胡椒……小さじ1

作り方

1. わけぎは輪切りにし、長芋はスティック状に切る。
2. いりこだしに、醤油と酢、柚子胡椒を混ぜる。市販のいりこだしの場合は、塩味は様子をみながら加減する。
3. 瓶にわけぎの半量を入れ、長芋、残りのわけぎの順に詰め、**2**を注ぐ。

COLUMN

甘すぎエスニックソースも自分でアレンジできる!

ベトナム、タイ、インドネシア、香港、韓国、台湾、インドとアジア各国へ旅をしたときや、日本で食べてピンときたエスニックの味をアレンジしました。甘すぎる味が苦手なので、砂糖は控えめに。市販品ですと甘さの調節は難しいですが、手作りだとそこがうれしい点です。スイートチリソースやコチュジャンは特に市販品が甘いので、アレンジがおすすめですよ!

Bottled Yummy Treats
"BINJAN"
Easily Made
Anywhere, Anytime

ETHNIC BASE

エスニックベース

小海老を発酵させたタイの魚醤カピを使わず、市販のいかの塩辛で代用したグリーンカレーペーストとコンビーフ。コンビーフ部分を一緒にすくって野菜炒めにしたり、ペーストだけでグリーンカレーを作ったりと活用してみてください。

グリーンカレーペーストとコンビーフ

Green curry with corned beef

＜冷蔵保存＞

1 週間

＜アレンジ＞

じゃがいもと炒める

ご飯と炒める

茹でた中華麺の具に

材料

玉ねぎ……1/2個 50g
バジル……15g
パクチー……15g
青唐辛子……4本
にんにく……2かけ
しょうが……1かけ
いかの塩辛……大さじ1
塩……小さじ1 1/2
砂糖……小さじ2
水……70ml
クミンパウダー……小さじ1/2
コリアンダーパウダー……小さじ1/2
コンビーフ……50g

作り方

1. 玉ねぎ、青唐辛子、にんにく、しょうがをざく切りにする。
2. コンビーフ以外のすべての食材をミキサー、またはフードプロセッサーに入れペースト状にする。
3. 瓶にコンビーフを詰め、その上から**2**を詰める。

乾物入り手作り
スイートチリソース

Handmade sweet chili sauce with dried vegetables

スイートチリソースは好きだけど、スイートすぎるなーと思っていました。春巻きのタレはもちろんのこと、鶏肉を焼いてからめてバゲットにはさむのもおすすめ！　パクチーも忘れずに。

＜冷蔵保存＞

2週間

＜アレンジ＞

卵と炒める

春巻きのタレに

焼いた鶏肉にかける

材料

切り干し大根……5g
スライス干し椎茸……5g
A
- ナンプラー……90ml
- はちみつ……大さじ6
- にんにく すりおろし……1かけ
- 赤唐辛子 輪切り……小さじ1

レモン汁……大さじ1

作り方

1. Aを小鍋に入れ弱火にかけ、量が半分くらいになって、少しとろみがつくまで煮詰め、火を止めたらレモン汁を加える。
2. 瓶に水で戻した乾物を詰め、1を注ぐ。

グリーンカレーペーストのフレッシュでさわやかな辛みとは異なる、スパイスのはじける辛みが楽しいです。チャーハンや炒め物など加熱するとさらにスパイスの香りがたちます。

レッドカレーペーストと オイルサーディン

Red curry paste with oiled sardine

＜冷蔵保存＞

2週間

＜アレンジ＞

ご飯と炒める

玉ねぎと炒める

スープにする

材料

オイルサーディン……100g
パセリ（みじん切り）……大さじ1
玉ねぎ……1/2個 50g
赤唐辛子……3本
にんにく……2かけ
しょうが……1かけ
いかの塩辛……大さじ1
塩……小さじ1
砂糖……小さじ2
水……50ml
チリパウダー……大さじ1 1/2
クミンパウダー……小さじ1/2
コリアンダーパウダー……小さじ1/2

作り方

1. オイルサーディンとパセリを和える。
2. 玉ねぎ、にんにく、しょうがはざく切りにし、赤唐辛子はお湯で戻しやわらかくしておく。
3. オイルサーディンとパセリのみじん切り以外を、ミキサー（またはフードプロセッサー）でペースト状にする。
4. 瓶に**1**を詰め、上から**3**を詰める。

うずらの卵と玉ねぎのカレー醤

Quail eggs and onions in curry soy sauce

＜冷蔵保存＞

1 週間

＜アレンジ＞

茹でた中華麺の具に

ご飯と炒める

青菜と和える

材料

うずらの卵（水煮）……8個
玉ねぎ……1個 120g
めんつゆ（ストレート）……100ml
醤油……小さじ1
カレー粉……小さじ1

作り方

1. 玉ねぎは薄切りにし、小鍋にすべての材料を入れて火にかけ、玉ねぎがやわらかくなったら火を止める。
2. 1を瓶に詰める。

おそば屋さんのカレーそばの味をお手軽に再現。調味料としてアレンジしても、ビールのおつまみとしてそのまま食べても！辛みは控えてあるのでお子さまにも。

スパイスのきいた肉味噌のイメージ。ここにケチャップを加えるとお子さんも大好きな味に。野菜を増やしたいときは、れんこん、にんじんなども相性バッチリです。

スパイシー
皮なしソーセージ

Spicy sausage

＜冷蔵保存＞

1 週間

＜アレンジ＞

レタスに包む

パスタの具に

なすと炒める

材料

豚挽肉……120g
ごぼう……30g
赤パプリカ……20g
オリーブオイル……大さじ2

A
- 塩……小さじ1
- 砂糖……小さじ1/2
- 中濃ソース……小さじ1 1/2
- チリパウダー……小さじ1/3
- パプリカパウダー……小さじ1/3

セージ……適量

作り方

1. ごぼうと赤パプリカは粗みじん切りにする。
2. フライパンにオリーブオイルを熱し、豚挽肉を入れ中火で炒める。**1**の野菜も加え、さらに炒める。
3. **A**を加え、中火で2分ほど炒め、セージと一緒に瓶に詰める。

カシューナッツの自家製カレー

Handmade curry with cashew nuts

<冷蔵保存>

10日間

<アレンジ>

野菜につける

ご飯にのせる

パンにのせる

材料

玉ねぎ……1個
にんにく……1かけ
しょうが……1かけ
米油……大さじ3
トマト缶……1缶
カレーパウダー……大さじ2
クミンシード……小さじ1/2
コリアンダーシード……小さじ1/2
塩……小さじ1 1/2
砂糖……小さじ1/2
カシューナッツ……30g

作り方

1. 玉ねぎ、にんにく、しょうがはみじん切りにする。
2. フライパンに米油、にんにく、しょうが、スパイス類を入れ、香りがたつまで軽く炒める。
3. 玉ねぎを加え、薄茶色になるまでさらに炒め、トマト缶と塩、砂糖を加えつぶしながら、中火で10分ほど煮込む。
4. 瓶に茹でたカシューナッツを入れ、上からカレーペーストを加える。

玉ねぎをじっくり炒めて、トマトを煮込んで作るカレーペースト。トマト缶を残すのがいやなので、たっぷり作ってごちそうの素のおすそわけ。カシューナッツがよいアクセントになっています。

さっぱりしたベトナム醤は鶏肉や白身魚に合います。タイのナンプラーと、材料と作り方に大差はありませんが、柔らかな塩味が食べやすいです。

ヌクマムとライムのベトナム醤

Lime and paprika with Nukumamu Vietnamese sauce

＜冷蔵保存＞

10日間

＜アレンジ＞

- 焼いた鶏肉にかける
- いかと炒める
- 豆腐にかける

材料

玉ねぎ……50g
赤パプリカ……20g
ライム……4切れ
赤唐辛子 輪切り……小さじ1
ヌクマム……60ml
はちみつ……大さじ2
レモン汁……1個分
酢……大さじ2
にんにく すりおろし……小さじ1

作り方

1. 玉ねぎと赤パプリカは粗みじん切りに、ライムはいちょう切りにする。
2. ボウルに**1**とほかのすべての材料を合わせ、瓶に入れる。

Bottled Yummy Treats
"BINJAN"
Easily Made
Anywhere, Anytime

LIGHT TASTE BASE

さっぱりベース

ぬか漬けも好きですが、あっという間にできる浅漬けは我が家で欠かせません。旬の野菜で楽しみます。漬け時間は少し長くかかりますが、長ねぎやこんにゃくの浅漬けもおすすめです。

にんじん、かぶ、
きゅうりの浅漬け

Carrots, turnips and cucumbers in lightly pickles

＜冷蔵保存＞

1 週間

＜アレンジ＞

細かく切ってご飯と混ぜる

スープにする

豚肉と炒める

材料

にんじん……40g
きゅうり……1/2本
かぶ……小1個
塩昆布……小さじ1

A
- 白だし……大さじ2
- 塩……小さじ1/2
- 酢……大さじ1
- 水……80ml

作り方

1. にんじんときゅうりは長細い乱切り、かぶは8等分に切る。
2. 瓶に**1**の野菜を詰め、塩昆布と**A**を入れる。

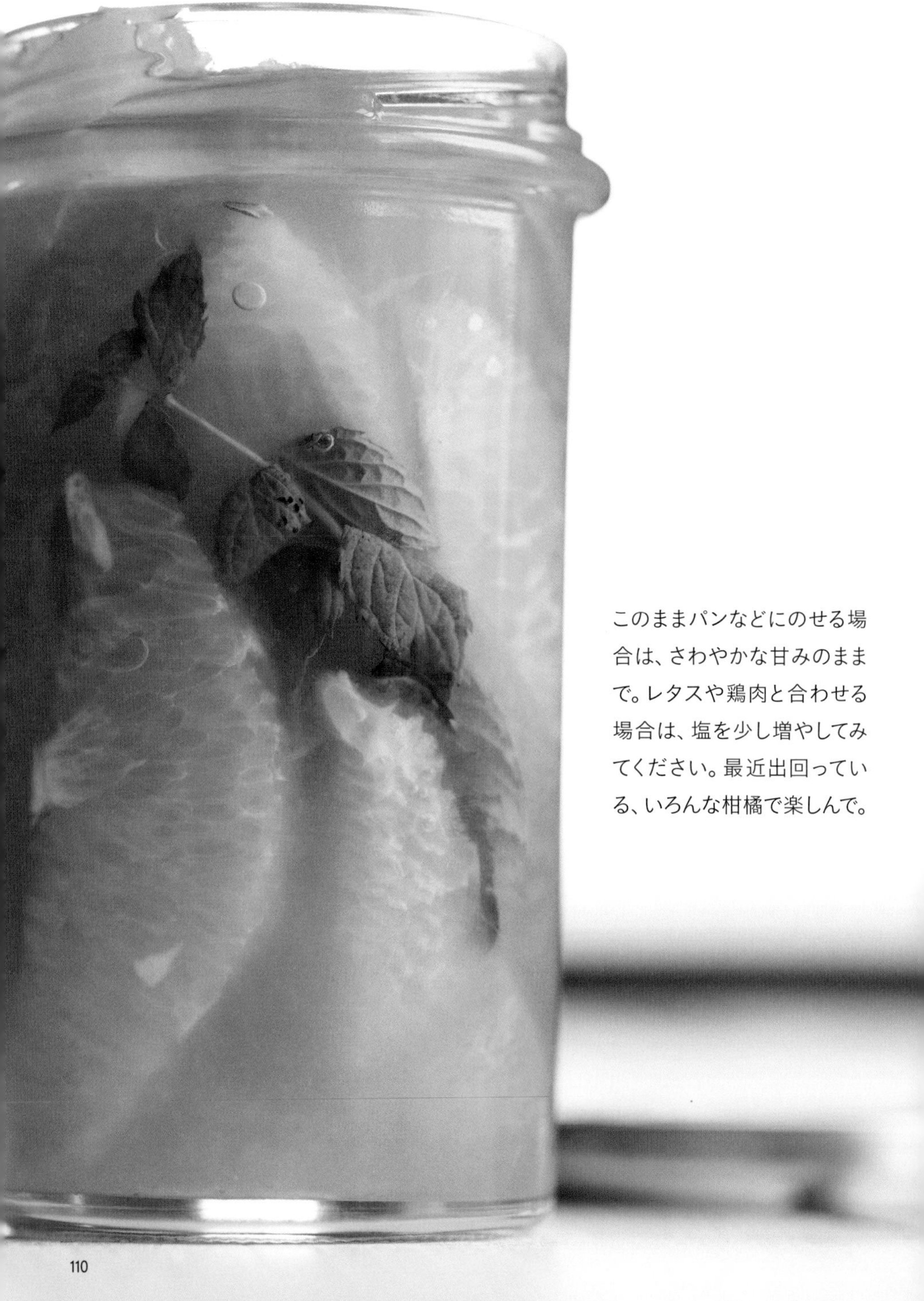

このままパンなどにのせる場合は、さわやかな甘みのままで。レタスや鶏肉と合わせる場合は、塩を少し増やしてみてください。最近出回っている、いろんな柑橘で楽しんで。

にんじんとオレンジのハニーレモン

Carrot and orange in honey lemon

＜冷蔵保存＞

1週間

＜アレンジ＞

パンにのせる

茹でた鶏ささみと和える

ちぎったレタスと和える

材料

にんじん……30g
オレンジ……1個

A
- はちみつ……大さじ3
- レモン汁……1個分
- 酢……大さじ3
- 塩……小さじ1/2

ミント……適量

作り方

1. にんじんは皮をむいてピーラーで薄切り、オレンジは小房に分ける。
2. 瓶に**1**とミントを詰め、合わせた**A**を注ぐ。

そのまま食べるときは、ブロッコリーを小さめの小房にします。ご飯と炒めたり、茹でたそうめんの具にするときは包丁でたたくようにブロッコリーを粗みじん切りにしてください。麺にからんでおいしいです。

桜海老とブロッコリーのピリ辛

Sakura shrimp and broccoli in spicy sauce

<冷蔵保存>

1 週間

<アレンジ>

 豆腐にかける

 ご飯と炒める

 茹でたそうめんの具に

材料

ブロッコリー……1/2個
桜海老……大さじ2
にんにく……1かけ
A
- 酢……大さじ2
- 塩……小さじ1
- 酒……大さじ2
- 水……100ml
- 昆布茶……小さじ1

ラー油……小さじ1/2

作り方

1. ブロッコリーは小さめの小房にし、にんにくはみじん切りにする。
2. 小鍋に1と桜海老、Aを加えて火にかけブロッコリーがやわらかくなったら、火を止めてラー油を加え瓶に詰める。

クリームチーズと
ズッキーニ、
紫キャベツのピクルス

Zucchini, red cabbage and cream cheese in pickles sauce

＜冷蔵保存＞

1週間

＜アレンジ＞

茹でた雑穀と和える

パンにのせる

ツナと和える

材料

紫キャベツ……30g
ズッキーニ……30g
クリームチーズ……30g

A
- 酢……60ml
- 水……60ml
- 砂糖……大さじ1
- 塩……小さじ1
- 赤唐辛子……1本
- 黒胡椒……10粒
- ローリエ……1枚
- カルダモン……2粒

作り方

1. 紫キャベツ、ズッキーニ、クリームチーズは1㎝角に切る。
2. 小鍋で**A**を2〜3分弱火で加熱する。
3. 瓶に**1**を詰め、**2**を注ぐ。

見た目も華やかで、おすそわけにも
ぴったりなごちそうの素です。

いろいろ野菜の
マスカルポーネライタ

Various vegetables with mascarpone and Raita

＜冷蔵保存＞

1 週間

＜アレンジ＞

 パンにのせる

 焼いた豚肉に添える

 茹でた春雨と和える

材料

きゅうり……1/2本
黄パプリカ……1/3個
紫キャベツ……30g

A
- マスカルポーネ……大さじ3
- マヨネーズ……大さじ1
- クミンシード……小さじ1
- 塩……小さじ1
- 砂糖……ひとつまみ

作り方

1. 野菜はすべて2cm角に切る。クミンシードは小さなフライパンでから煎りして香りを出す。
2. ボウルに1とAを合わせてよく混ぜ、瓶に入れる。

彩り野菜の水キムチ

Colorful vegetables in water Kimchi

＜冷蔵保存＞

1 週間

＜アレンジ＞

茹でたそばの具に

茹でた春雨と和える

豆腐にのせる

材料

きゅうり……1/2本 50g
みょうが……1個
赤パプリカ……30g

A
- 白だし……大さじ1
- 酢……大さじ1
- 水……100ml
- 粉唐辛子……小さじ1/3
- 塩……小さじ1
- にんにく すりおろし……1/2かけ
- 砂糖……小さじ1/2

作り方

1. きゅうりと赤パプリカは小さめの乱切り、みょうがは輪切りにする。
2. 瓶に**1**を詰め、ボウルで合わせた**A**を注ぐ。

インドでカレーの箸休め的に登場するライタ。ごちそうの素では、少しリッチにマスカルポーネとマヨネーズで作ってみました。ぷちぷち食感の雑穀と和えるのがおすすめです。

彩り野菜の水キムチは発酵させずに作る即席水キムチです。辛いものが好きな方は粉唐辛子を少し増やして！　梨やりんごなどのフルーツを入れるとより本場に近づきます。汁も美味しいので残さずに。そばの具にしても◎。

実山椒入り
フレッシュ福神漬け

Fukujinzuke with Japanese pepper

<冷蔵保存>

1 週間

<アレンジ>

ゆでた豚肉と和える

豆腐にかける

ご飯にのせる

材料

大根……50g
にんじん……30g
なす……30g
きゅうり……40g

A
- 醤油……大さじ4
- 砂糖……大さじ2
- 酢……大さじ2
- 水……大さじ2
- 塩昆布……小さじ1
- 実山椒の塩漬け……少々

作り方

1. 大根とにんじんは皮をむいていちょう切り、なすはそのままいちょう切り、きゅうりは輪切りにする。
2. Aを小鍋に入れて中火にかけ、砂糖が溶けるまで加熱する。
3. 1を瓶に詰め2を注ぐ。

カレーの添え物としてだけじゃなく福神漬けをよく食べますが、もう少しすっきりといろんな野菜も食べたいなと思い、作り始めました。実山椒の塩漬けがパチッとしたアクセントに。

Bottled Yummy Treats
"BINJAN"
Easily Made
Anywhere, Anytime

SWEET BASE

スイートベース

甘い〝ごちそうの素〟はバゲットやクラッカーにのせてホームパーティーに。

ほろ苦抹茶クリームとネクタリン

Macha cream with nectarine

＜冷蔵保存＞

1 週間

＜アレンジ＞

パンにのせる

クラッカーにのせる

スコーンにつける

材料

ネクタリン……3個
砂糖……10g＋30g
レモン汁……大さじ1
生クリーム……200ml
牛乳……85ml＋大さじ1
抹茶……小さじ1

作り方

1. ネクタリンは種を取り、6等分のくし切りにする。小鍋にネクタリンと砂糖10g、レモン汁を加えて5分おいてから、弱火で5分ほど煮る。
2. 別の小鍋に生クリーム、牛乳85ml、砂糖30gを加え強火にかけ、沸いたら弱火にし、とろみがつくまで15～20分煮込む。牛乳大さじ1で溶いた抹茶を加えよく混ぜる。
3. 瓶に**1**のネクタリンを入れ、上から**2**の抹茶クリームを入れる。

カルダモンとナッツの
ミルクジャムとみかん

Mandarin and cardamon in milk jam

＜冷蔵保存＞

1 週間

＜アレンジ＞

- クラッカーにのせる
- パンケーキにのせる
- かき氷のシロップとして

材料

みかん……小3個
砂糖……20g＋30g
レモン汁……20g
生クリーム……200ml
牛乳……100ml
カルダモン……3粒
ミックスナッツ……大さじ1

作り方

1. みかんは皮をむいて、半分に切り、鍋にみかんと20gの砂糖、レモン汁を加えて5分おいてから、弱火で3分ほど煮る。
2. 別の小鍋に生クリーム、牛乳、30gの砂糖を加え強火にかけ、沸いたら弱火にしカルダモンを入れ、とろみがつくまで15〜20分煮込む。火を止めたら、粗みじん切りにしたナッツを混ぜる。
3. 瓶に**1**のみかんを入れ、上から**2**のクリームを入れる。

北イタリアで冬の保存食として親しまれているモスタルダ。そのままはもちろんのことお肉のつけ合わせにしたり、加熱してソースにしたり。粒マスタードのぴりっとした辛みが後を引きます。

いちじくと梨のモスタルダ

Figs and pears with mostarda

<冷蔵保存>

1 週間

<アレンジ>

- 焼いた豚肉のソースに
- アイスにかける
- ヨーグルトに入れる

材料

いちじく……2個
梨……50g
レモン汁……1/2個分
砂糖……大さじ3
粒マスタード……大さじ2
塩……ひとつまみ

作り方

1. いちじくは4等分、梨は皮をむいていちょう切りにする。
2. 小鍋にすべての材料を入れ5分ほど加熱し、瓶に詰める。

りんごとしょうがの赤ワイン煮

Apple and ginger in stewed red wine

＜冷蔵保存＞

10日間

＜アレンジ＞

クラッカーにのせて

チーズと一緒に

ヨーグルトに入れる

材料

りんご……1個
しょうが……1かけ
赤ワイン……60ml
水……80ml
砂糖……大さじ3
レモン汁……大さじ1
シナモンスティック……1本

作り方

1. りんごは2cm厚さのくし切りにし、しょうがは薄切りにする。
2. 小鍋に**1**とほかの材料をすべて入れ、中火で5分ほど煮込み、火を止めて瓶に入れる。

ぶどうのレモンライム

Grapes and lime in stewed white wine

＜冷蔵保存＞

10日間

＜アレンジ＞

- サイダーで割って
- アイスにかける
- ヨーグルトに入れる

材料

ぶどう（好みの種類）……25粒くらい
白ワイン……50ml
レモン汁……1個分
砂糖……30g
ライム……4切れ

作り方

1. ぶどうは房から外し、皮をむく。小鍋にぶどう、白ワイン、レモン汁、砂糖を加え弱火で10分ほど煮る。皮ごと食べられるぶどうはそのままで。
2. 瓶に入れ、ライムの輪切りを加える。

ぶどうはスーパーなどで見かけるお手頃なもので作ってみてください。白ワインとライム、黒胡椒でぐっとよそ行きな味に。手土産にもきっと喜ばれます。かわいくラッピングして！

好みのフルーツ、お好みのお酒の種類で。コアントローやカルヴァドスもおすすめ。その場合は、香りが強いのでお酒の量は少し控えめに。

大人のフルーツポンチ

Fruit punch

<冷蔵保存>

5日間

<アレンジ>

ヨーグルトに入れる

アイスにかける

シリアルと一緒に

材料

りんご……30g
バナナ……1/3本
みかん……1個
ぶどう……8粒
レモン……4切れ
サイダー……70ml
ホワイトラム……大さじ3

作り方

1. りんごはいちょう切り、バナナとみかんは皮をむいて1cmの輪切り、ぶどうは皮をむく。
2. 瓶に1とレモンの輪切り、サイダー、ホワイトラムを入れる。

黒砂糖とシナモンのミルクジャムと紅玉

Ruby apple in milk jam with cinnamon and brown sugar

＜冷蔵保存＞

1 週間

＜アレンジ＞

クラッカーにぬる

パンにはさむ

寒天と一緒に

材料

紅玉……1/2個
砂糖……20g
レモン汁……大さじ2
生クリーム……200ml
牛乳……85ml＋大さじ1
黒砂糖……30g
シナモン……小さじ1

作り方

1. 紅玉は皮のまま1cm厚さのいちょう切りにし、小鍋に紅玉と砂糖、レモン汁を加えて5分おいてから、弱火で5分ほど煮る。
2. 別の小鍋に生クリーム、牛乳85ml、黒砂糖を加え強火にかけ、沸いたら弱火にし、とろみがつくまで15分ほど煮込む。牛乳大さじ1で溶いたシナモンを加えよく混ぜる。
3. 瓶に**1**の紅玉を入れ、上から**2**のクリームを入れる。

紅玉の酸味とこっくりした黒糖のミルクジャムが贅沢な一品。シナモンは溶けにくいので、できれば温めた少量の牛乳で溶かしてから鍋に加えてみてください。寒天と一緒にみつ豆風にも！

お好みのドライフルーツをヨーグルトに漬けてみてください。しっとりして味がグンと濃厚になります。お酒好きな方は、ヨーグルトにブランデーを加えてみて！

ヨーグルトのしっとりドライフルーツ

Dried fruit in yogurt

＜冷蔵保存＞

1 週間

＜アレンジ＞

パンにのせる

シリアルにかける

アイスクリームにかける

材料

ドライマンゴー……50g
ドライあんず……30g
ドライクランベリー……10g
ドライブルーベリー……10g
ヨーグルト……大さじ5
砂糖……大さじ1 1/2

作り方

1. ヨーグルトと砂糖を合わせる。
2. 瓶にすべてのドライフルーツを入れて1を注ぐ。

BINJANのこと

BINJAN －おいしいリレー

ごちそうの素ーBINJANーのこと

はじめまして、BINJANです。
私たちは「おいしいをデザインする」チームです。
このごちそうの素が本として出版されることをとてもうれしく思っています。

少しBINJANのことをお話しさせていただきたいと思います。
私たち３人はそれぞれ仕事を持ちながら、「おいしいをデザインする」という共通の意思を持って集まったチームです。
このたびフードスタイリストの新田亜素美さんがゴロゴロ具材の醤レシピ本を出すと決まったとき、何か面白いことができないかとスタートしたのがこのチーム、BINJANです。
グラフィックデザイナー、webクリエイター、プロデューサーという、食とは直接関係ない私たちが、彼女の作る料理をデザインしたいと思い、コラボレーションしたのがきっかけです。
そして、ごちそうの素ーBINJANーが生まれたのです！
さらに私たちの目指したBINJANは「2000円で星付きレストラン」。それらの試作とテスト販売を経てようやく本格始動というときに、世界的な新型コロナ感染症の拡大が……。緊急事態宣言が出され、外食はおろか外出さえ困難な状況になりました。
そこで新田さんと私たち３人で、全国の生産者さんから集めたこだわりの食材を使い、おうちご飯を応援する気持ちでBINJANを作って届けることになりました。コロナ禍のもと、BINJANにより少しでも心を躍らせたり、楽しみにしてくれる人がいたことを、とてもうれしく思います。
これからもBINJANが、全国の生産者さんや料理家さんとみなさまの「おいしいのリレー」になればいいなと考えています。
そして何よりこの本は、めちゃくちゃお得です。おうちご飯のポテンシャルがびっくりするほど上がると思います。
撮影にも立ち合わせていただき、全部食べましたが、本当においしかったですから！

BINJAN チーム

新田亜素美（にったあそみ）

フードスタイリスト。短大卒業後、都内レストランの厨房で働きながら、テレビなどでフードスタイリストとして活動を始める。現在は、書籍、雑誌でのレシピ制作やスタイリング、テレビ番組、広告でのコーディネートを手がけ、料理やお酒のイベントなども積極的に行う。
著書に『並べて、焼けるの待つだけ ほったらかしオーブンレシピ』『鍋さえあれば、じっくりコトコト ほったらかし煮込みレシピ』『冷凍パイシートさえあれば！　オープンパイ』（ともに大和書房）などがある。

ごちそうの素ーBINJAN（ビンジャン）

食卓をもっと楽しく「2000円で星つきレストラン」をコンセプトに、選りすぐりの食材を集めて瓶に詰める。「美味しい」好きのデザイン、web、プロデュースに関わる３人組が、新田亜素美をはじめ、全国の生産者や料理家とコラボレーション。

1瓶《びん》で3度《ど》おいしい
魔《ま》法《ほう》の瓶《びん》詰《づめ》

2021年12月30日　第1刷発行

著者　新田亜素美《にったあそみ》
発行者　佐藤靖
発行所　大和《だいわ》書房
〒112-0014　東京都文京区関口1-33-4
Tel 03-3203-4511

写真　有賀傑
ブックデザイン　荻原佐織（PASSAGE）
調理アシスタント　玉利紗綾香
校正　メイ
印刷所　凸版印刷
製本　ナショナル製本

Special thanks　BINJAN

ISBN978-4-479-92138-7
乱丁本、落丁本はお取り替えいたします。
http://www.daiwashobo.co.jp/